中华经典
诵读本

第一辑

了凡四训

简体横排
大字注音
全本收录

谦德书院○编

团结出版社
AMITY PRESS

© 团结出版社，2024 年

图书在版编目（ＣＩＰ）数据

  中华经典诵读本. 第一辑 / 谦德书院编 . — 北京：
团结出版社 , 2024. 11. — ISBN 978-7-5234-1194-0

  Ⅰ . K203-49

  中国国家版本馆 CIP 数据核字第 20249Z01J3 号

责任编辑：王思柠
封面设计：萧宇岐

出   版：团结出版社
      （北京市东城区东皇城根南街 84 号 邮编：100000）
电 话：（010）65228880 65244790
网 址：http://www.tjpress.com
E-mail: zb65244790@vip.163.com
经 销：全国新华书店
印 装：天宇万达印刷有限公司

开 本：145mm×210mm   32 开
印 张：27   字 数：350 千字
版 次：2024 年 11 月 第 1 版   印 次：2024 年 11 月 第 1 次印刷

书 号：978-7-5234-1194-0
定 价：180.00 元（全九册）
      （版权所属，盗版必究）

出 版 说 明

中华文明，有着五千多年的悠久历史，是世界上唯一流传至今、没有中断的文明。中华文明价值中最为重要的，就是祖先给我们留下的大量经典。这些典籍，薪火相传，一直流淌在中国人的血液中。

近年来，由于全社会对于弘扬中华优秀传统文化的高度重视，在大量志士仁人的努力推动下，中华传统文化逐渐迎来了复兴的春天。在此背景下，我们编辑出版了这一套《中华经典诵读本》，旨在弘扬中华优秀传统文化，延续传统，推动读经教育的普及。

本套读本采用简体、大字、横排、注音的形式，选择经典若干种，陆续分辑出版。采用简体横排，旨在顺应现代读者的阅读习惯。

大字，旨在方便儿童认识汉字，减少视觉疲劳。注音采用汉语拼音，旨在保证初学者读音准确。整套读本的经文底本和注音均参考历代注疏和诸家版本，严加校正，以求最善。

这套书不仅适合广大少年儿童作为读经教材，即便是成年人，读诵这些经典，也是大有益处的。古人云："旧书不厌百回读。"我们期待着，这些典籍能够家弦户诵,朗朗的读书声能传遍中华大地,让古老的中华文明,重新焕发出新的活力。

目 录

袁了凡四训铸板流通序

印光大师 撰

圣贤之道，唯诚与明。圣狂之分，在乎一念。圣罔念则作狂，狂克念则作圣。其操纵得失之象，喻如逆水行舟，不进则退。不可不勉力操持，而稍生纵任也。须知诚之一字，乃圣凡同具，一如不二之真心。明之一字，乃存养省察，从凡至圣之达道。然在凡夫地，日用之间，万境交集。一不觉察，难免种种违理情想，瞥尔而生。此想既生，则真心遂受锢蔽。而凡所作为，咸失其中正矣。若不加一番切实工夫，克除净尽，则愈趋愈下，莫知底极。徒具作圣之心，永沦下愚之队。可不哀哉！

然作圣不难，在自明其明德。欲明其明德，须从格物致知下手。倘人欲之物，不能极力格除，则本有真知，决难彻底显现。欲令真知显现，当于日用云为，常起觉照，不使一切违理情想，暂萌于心。常使其心，虚明洞彻，如镜当台，随境映现。但照前境，不随境转，妍媸自彼，于我何干？来不预计，去不留恋。若或违理情想，稍有萌动，即当严以攻治，剿除令尽。如与贼军对敌，不但不使侵我封疆，尚须斩将搴旗，剿灭余党。其制军之法，必须严以自治，毋怠毋荒。克己复礼，主敬存诚，其器仗须用颜子之"四勿"，曾子之"三省"，蘧伯玉之"寡过知非"。加以战战兢兢，如临深渊，如履薄冰，与之相对，则军威远振，贼党寒心，惧罹灭种之极戮，冀沾安抚之洪恩。

从兹相率投降，归顺至化。尽革先心，聿修厥德。将不出户，兵不血刃。举寇仇皆为赤子，即叛逆悉作良民。上行下效，率土清宁，不动干戈，坐致太平矣。

如上所说，则由格物而致知，由致知而克明明德。诚明一致，即凡成圣矣。其或根器陋劣，未能收效。当效赵阅道日之所为，夜必焚香告帝，不敢告者，即不敢为。袁了凡诸恶莫作，众善奉行，命自我立，福自我求，俾造物不能独擅其权。受持功过格，凡举心动念，及所言所行，善恶纤悉皆记，以期善日增而恶日减。初则善恶参杂，久则唯善无恶，故能转无福为有福，转不寿为长寿，转无子孙为多子孙。现生优入圣贤之域，报尽高登极乐之乡。行为世则，言为世法。彼既丈夫我亦尔，何可自轻而退屈。

或问，格物乃穷尽天下事物之理，致知乃推极吾之知识，必使一一晓了也。何得以人欲为物，真知为知，克治显现为格致乎？

答曰，诚与明德，皆约自心之本体而言。名虽有二，体本唯一也。知与意心，兼约自心之体用而言，实则即三而一也。格致诚正明五者，皆约闲邪存诚、返妄归真而言。其检点省察造诣工夫，明为总纲，格致诚正乃别目耳。修身正心诚意致知，皆所以明明德也。倘自心本有之真知为物欲所蔽，则意不诚而心不正矣。若能格而除之，则是"慧风扫荡障云尽，心月孤圆朗中天"矣。此圣人示人从泛至切、从疏至亲之决定次序也。若穷尽天下事物之理，俾吾心知识悉皆明了方能诚意者，则唯博览群书遍游天下之人，方能诚意正心以明其明德。未能博览阅历者，纵有纯厚天姿，于诚意正心皆无其分，况其下焉者哉。有是理乎？

然不深穷理之士，与无知无识之人，若闻理性，多皆高推圣境，自处凡愚，不肯奋发勉励，遵循从事。若告以过去现在未来三世因果，或善或恶，各有其报，则必畏恶果而断恶因，修善因而冀善果。善恶不出身口意三。既知因果，自可防护身口，洗心涤虑。虽在暗室屋漏之中，常如面对帝天，不敢稍萌匪鄙之心，以自干罪戾也已。此大觉世尊普令一切上中下根，致知诚意正心修身之大法也。然狂者畏其拘束，谓为著相。愚者防己愧怍，为谓渺茫。除此二种人，有谁不信受。故梦东云："善谈心性者，必不弃离于因果；而深信因果者，终必大明夫心性。"此理势所必然也。须知从凡夫地乃至圆证佛果，悉不出因果之外。有不信因果者，皆自弃其善因善果，而常造恶因，常受恶果，经尘点劫，轮转恶道，末由出离之流也。哀哉！

圣贤千言万语，无非欲人返省克念，俾吾心本具之明德，不致埋没，亲得受用耳。但人由不知因果，每每肆意纵情。纵毕生读之，亦只学其词章，不以希圣希贤为事，因兹当面错过。袁了凡先生训子四篇，文理俱畅，豁人心目，读之自有欣欣向荣、亟欲取法之势，洵淑世良谟也。永嘉周群铮居士，发愿流通，祈予为序。因撮取圣贤克己复礼闲邪存诚之意，以塞其责云。

第一篇 立命之学
dì yī piān lì mìng zhī xué

扫一扫 听诵读

余童年丧父，老母命弃学举业学医，谓
可以养生，可以济人，且习一艺以成名，尔
父夙心也。后余在慈云寺，遇一老者，修髯
伟貌，飘飘若仙，余敬礼之。语余曰："子仕
路中人也，明年即进学，何不读书？"

余告以故，并叩老者姓氏里居。

曰："吾姓孔，云南人也。得邵子《皇极
数》正传，数该传汝。"

余引之归，告母。

母曰："善待之。"

试其数，纤悉皆验。余遂起读书之念，谋之表兄沈称，言："郁海谷先生，在沈友夫家开馆，我送汝寄学甚便。"

余遂礼郁为师。

孔为余起数：县考童生，当十四名；府考七十一名，提学考第九名。明年赴考，三处名数皆合。复为卜终身休咎，言：某年考第几名，某年当补廪，某年当贡，贡后某年，当选四川一大尹，在任三年半，即宜告归。五十三岁八月十四日丑时，当终于正寝，惜无子。余备录而谨记之。

自此以后，凡遇考校，其名数先后，皆不出孔公所悬定者。独算余食廪米九十一石五斗当出贡；及食米七十余石，屠宗师即批准补贡，余窃疑之。后果为署印杨公所驳，直至丁卯年，殷秋溟宗师见余场中备卷，叹曰："五策，即五篇奏议也，岂可使博洽淹贯之儒，老于窗下乎！"遂依县申文准贡，连前食米计之，实九十一石五斗也。余因此益信进退有命，迟速有时，澹然无求矣。

贡入燕都，留京一年，终日静坐，不阅文字。己巳归，游南雍，未入监，先访云谷会禅师于栖霞山中，对坐一室，凡三昼夜不瞑目。

云谷问曰："凡人所以不得作圣者，只为妄念相缠耳。汝坐三日，不见起一妄念，何也？"

余曰："吾为孔先生算定，荣辱死生，皆有定数，即要妄想，亦无可妄想。"

云谷笑曰："我待汝是豪杰，原来只是凡夫。"

问其故。

曰："人未能无心，终为阴阳所缚，安得无数？但惟凡人有数；极善之人，数固拘他不定；极恶之人，数亦拘他不定。汝二十年来，被他算定，不曾转动一毫，岂非是凡夫？"

余问曰："然则数可逃乎？"

曰："命由我作，福自己求。诗书所称，的为明训。我教典中说：'求富贵得富贵，求男女得男女，求长寿得长寿。'夫妄语乃释迦大戒，诸佛菩萨，岂诳语欺人？"

余进曰："孟子言'求则得之'，是求在我者也。道德仁义可以力求，功名富贵，如何求得？"

云谷曰："孟子之言不错，汝自错解了。汝不见六祖说：'一切福田，不离方寸；从心而觅，感无不通。'求在我，不独得道德仁

义，亦得功名富贵，内外双得，是求有益于

得也。若不返躬内省，而徒向外驰求，则求

之有道，而得之有命矣，内外双失，故无益。"

因问："孔公算汝终身若何？"

余以实告。

云谷曰："汝自揣应得科第否？应生子否？"

余追省良久，曰："不应也。科第中人，

类有福相，余福薄，又不能积功累行，以基

厚福；兼不耐烦剧，不能容人；时或以才智

盖人，直心直行，轻言妄谈。凡此皆薄福之

相也，岂宜科第哉。

"地之秽者多生物，水之清者常无鱼，

余好洁，宜无子者一；和气能育万物，余善

怒，宜无子者二；爱为生生之本，忍为不

育之根，余矜惜名节，常不能舍己救人，宜

无子者三；多言耗气，宜无子者四；喜饮铄精，宜无子者五；好彻夜长坐，而不知葆元毓神，宜无子者六。其余过恶尚多，不能悉数。"

云谷曰："岂惟科第哉。世间享千金之产者，定是千金人物；享百金之产者，定是百金人物；应饿死者，定是饿死人物；天不过因材而笃，几曾加纤毫意思。

"即如生子，有百世之德者，定有百世子孙保之；有十世之德者，定有十世子孙保之；有三世二世之德者，定有三世二世子孙保之；其斩焉无后者，德至薄也。

"汝今既知非。将向来不发科第，及不生子之相，尽情改刷；务要积德，务要包荒，务要和爱，务要惜精神。从前种种，譬如昨

日死；从后种种，譬如今日生；此义理再

生之身也，夫血肉之身，尚然有数；义理之

身，岂不能格天。太甲曰'天作孽，犹可违；

自作孽，不可活。'诗云：'永言配命，自求多

福。'孔先生算汝不登科第，不生子者，此天

作之孽也，犹可得而违；汝今扩充德性，力

行善事，多积阴德，此自己所作之福也，安

得而不受享乎？

　　"易为君子谋，趋吉避凶；若言天命有

常，吉何可趋，凶何可避？开章第一义，便

说：'积善之家，必有余庆。'汝信得及否？"

　　余信其言，拜而受教。因将往日之罪，

佛前尽情发露，为疏一通，先求登科，誓行

善事三千条，以报天地祖宗之德。

　　云谷出功过格示余，令所行之事，逐

日登记，善则记数，恶则退除，且教持准提咒，以期必验。

语余曰："符录家有云：'不会书符，被鬼神笑。'此有秘传，只是不动念也。执笔书符，先把万缘放下，一尘不起。从此念头不动处，下一点，谓之混沌开基。由此而一笔挥成，更无思虑，此符便灵。凡祈天立命，都要从无思无虑处感格。

"孟子论立命之学，而曰：'夭寿不贰。'夫夭与寿，至贰者也。当其不动念时，孰为夭，孰为寿？细分之，丰歉不贰，然后可立贫富之命；穷通不贰，然后可立贵贱之命；夭寿不贰，然后可立生死之命。人生世间，惟死生为重，曰夭寿，则一切顺逆皆该之矣。

"至修身以俟之,乃积德祈天之事。曰修,则身有过恶,皆当治而去之;曰俟,则一毫觊觎,一毫将迎,皆当斩绝之矣。到此地位,直造先天之境,即此便是实学。

"汝未能无心,但能持准提咒,无记无数,不令间断,持得纯熟,于持中不持,于不持中持,到得念头不动,则灵验矣。"

余初号学海,是日改号了凡;盖悟立命之说,而不欲落凡夫窠臼也。从此而后,终日兢兢,便觉与前不同。前日只是悠悠放任,到此自有战兢惕厉景象,在暗室屋漏中,常恐得罪天地鬼神;遇人憎我毁我,自能恬然容受。

到明年,礼部考科举,孔先生算该第三,忽考第一;其言不验,而秋闱中式矣。

然行义未纯，检身多误：或见善而行之不勇，或救人而心常自疑；或身勉为善，而口有过言；或醒时操持，而醉后放逸；以过折功，日常虚度。自己巳岁发愿，直至己卯岁，历十余年，而三千善行始完。

时方从李渐庵入关，未及回向。庚辰南还。始请性空、慧空诸上人，就东塔禅堂回向。遂起求子愿，亦许行三千善事。辛巳，生男天启。

余行一事，随以笔记；汝母不能书，每行一事，辄用鹅毛管，印一朱圈于历日之上。或施食贫人，或买放生命，一日有多至十余圈者。至癸未八月，三千之数已满。复请性空辈，就家庭回向。九月十三日，复起求中进士愿，许行善事一万条，丙戌登第，授宝坻知县。

余置空格一册，名曰治心编。晨起坐堂，家人携付门役，置案上，所行善恶，纤悉必记。夜则设桌于庭，效赵阅道焚香告帝。

汝母见所行不多，辄颦蹙曰："我前在家，相助为善，故三千之数得完；今许一万，衙中无事可行，何时得圆满乎？"

夜间偶梦见一神人，余言善事难完之故。神曰："只减粮一节，万行俱完矣。"盖宝坻之田，每亩二分三厘七毫。余为区处，减至一分四厘六毫，委有此事，心颇惊疑。适幻余禅师自五台来，余以梦告之，且问此事宜信否？

师曰："善心真切，即一行可当万善，况

合县减粮，万民受福乎？"

吾即捐俸银，请其就五台山斋僧一万而
回向之。

孔公算予五十三岁有厄，余未尝祈寿，
是岁竟无恙，今六十九矣。书曰："天难谌，
命靡常"；又云："惟命不于常"，皆非诳语。
吾于是而知，凡称祸福自己求之者，乃圣贤
之言。若谓祸福惟天所命，则世俗之论矣。

汝之命，未知若何？即命当荣显，常作
落寞想；即时当顺利，常作拂逆想；即眼前
足食，常作贫窭想；即人相爱敬，常作恐
惧想；即家世望重，常作卑下想；即学问颇
优，常作浅陋想。

远思扬祖宗之德，近思盖父母之愆；
上思报国之恩，下思造家之福；外思济人之

急，内思闲己之邪。

务要日日知非，日日改过；一日不知非，即一日安于自是；一日无过可改，即一日无步可进；天下聪明俊秀不少，所以德不加修、业不加广者，只为因循二字，耽搁一生。

云谷禅师所授立命之说，乃至精至邃、至真至正之理，其熟玩而勉行之，毋自旷也。

第二篇 改过之法

扫一扫　听诵读

春秋诸大夫，见人言动，亿而谈其祸福，靡不验者，《左》《国》诸记可观也。大都吉凶之兆，萌乎心而动乎四体，其过于厚者常获福，过于薄者常近祸，俗眼多翳，谓有未定而不可测者。至诚合天，福之将至，观其善而必先知之矣。祸之将至，观其不善而必先知之矣。今欲获福而远祸，未论行善，先须改过。

但改过者，第一，要发耻心。思古之圣贤，与我同为丈夫，彼何以百世可师？我何

一九

以一身瓦裂？耽染尘情，私行不义，谓人不知，傲然无愧，将日沦于禽兽而不自知矣；世之可羞可耻者，莫大乎此。孟子曰：耻之于人大矣。以其得之则圣贤，失之则禽兽耳。此改过之要机也。

第二，要发畏心。天地在上，鬼神难欺，吾虽过在隐微，而天地鬼神，实鉴临之，重则降之百殃，轻则损其现福，吾何可以不惧。不惟是也。闲居之地，指视昭然，吾虽掩之甚密，文之甚巧，而肺肝早露，终难自欺，被人觑破，不值一文矣，乌得不懔懔？不惟是也。一息尚存，弥天之恶，犹可悔改；古人有一生作恶，临死悔悟，发一善念，遂得善终者，谓一念猛厉，足以涤百年之恶也。譬如千年幽谷，一灯才照，则千年之暗俱除。故过不论久近，惟以改为贵。但尘世无常，肉身易殒，一息不属，欲改无由矣。明则千百年担负恶名，虽孝子慈孙，不能洗涤；幽则千百劫沈沦狱报，虽圣贤佛菩萨，不能援引。乌得不畏？

第三，须发勇心。人不改过，多是因循退缩，吾须奋然振作，不用迟疑，不烦等待。小者如芒刺在肉，速与抉剔；大者如毒蛇啮指，速与斩除，无丝毫凝滞，此风雷之所以为益也。

具是三心，则有过斯改，如春冰遇日，何患不消乎？然人之过，有从事上改者，有从理上改者，有从心上改者；工夫不同，效验亦异。

如前日杀生，今戒不杀；前日怒詈，今

戒不怒；此就其事而改之者也。强制于外，其难百倍，且病根终在，东灭西生，非究竟廓然之道也。

善改过者，未禁其事，先明其理；如过在杀生，即思曰：上帝好生，物皆恋命，杀彼养己，岂能自安？且彼之杀也，既受屠割，复入鼎镬，种种痛苦，彻入骨髓；己之养也，珍膏罗列，食过即空，疏食菜羹，尽可充腹，何必戕彼之生，损己之福哉？又思血气之属，皆含灵知，既有灵知，皆我一体；纵不能躬修至德，使之尊我亲我，岂可日戕物命，使之仇我憾我于无穷也？一思及此，将有对食伤心，不能下咽者矣。

如前日好怒，必思曰：人有不及，情所宜矜；悖理相干，于我何与？本无可怒者。

又思天下无自是之豪杰，亦无尤人之学问；行有不得，皆己之德未修，感未至也。吾悉以自反，则谤毁之来，皆磨炼玉成之地，我将欢然受赐，何怒之有？

又闻谤而不怒，虽谗焰薰天，如举火焚空，终将自息；闻谤而怒，虽巧心力辩，如春蚕作茧，自取缠绵；怒不惟无益，且有害也。其余种种过恶，皆当据理思之。此理既明，过将自止。

何谓从心而改？过有千端，惟心所造。吾心不动，过安从生？学者于好色、好名、好货、好怒，种种诸过，不必逐类寻求。但当一心为善，正念现前，邪念自然污染不上。如太阳当空，魍魉潜消，此精一之真传也。过由心造，亦由心改，如斩毒树，直断其根，奚必枝枝而伐，叶叶而摘哉？

大抵最上治心，当下清净；才动即觉，觉之即无；苟未能然，须明理以遣之；又未能然，须随事以禁之；以上事而兼行下功，未为失策。执下而昧上，则拙矣。

顾发愿改过，明须良朋提醒，幽须鬼神证明；一心忏悔，昼夜不懈，经一七、二七，以至一月、二月、三月，必有效验。

或觉心神恬旷，或觉智慧顿开，或处冗沓而触念皆通，或遇怨仇而回瞋作喜，或梦吐黑物，或梦往圣先贤提携接引，或梦飞步太虚，或梦幢幡宝盖，种种胜事，皆过消罪灭之象也。然不得执此自高，画而不进。

昔遽伯玉当二十岁时，已觉前日之非而尽改之矣。至二十一岁，乃知前之所改未尽也；及二十二岁，回视二十一岁，犹在梦中，岁复一岁，递递改之，行年五十，而犹知四十九年之非，古人改过之学如此。

吾辈身为凡流，过恶猬集，而回思往事，常若不见其有过者，心粗而眼翳也。然人之过恶深重者，亦有效验：或心神昏塞，转头即忘；或无事而常烦恼；或见君子而赧然消沮；或闻正论而不乐；或施惠而人反怨；或夜梦颠倒，甚则妄言失志，皆作孽之相也，苟一类此，即须奋发，舍旧图新，幸勿自误。

dì sān piān　　jī shàn zhī fāng

第三篇 积善之方

扫一扫　听诵读

yì yuē　　　　jī shàn zhī jiā　　bì yǒu yú qìng　　xī yán shì jiāng
易曰："积善之家，必有余庆。"昔颜氏将

yǐ nǚ qì shū liáng hé　　ér lì xù qí zǔ zōng jī dé zhī cháng　　nì
以女妻叔梁纥，而历叙其祖宗积德之长，逆

zhī qí zǐ sūn bì yǒu xīng zhě　　kǒng zǐ chēng shùn zhī dà xiào　　yuē
知其子孙必有兴者。孔子称舜之大孝，曰：

zōng miào xiǎng zhī　　zǐ sūn bǎo zhī　　jiē zhì lùn yě　　shì yǐ wǎng
"宗庙飨之，子孙保之。"皆至论也，试以往

shì zhēng zhī
事征之。

yáng shào shī róng　　jiàn níng rén　　shì yǐ jì dù wéi shēng　　jiǔ
　　杨少师荣，建宁人。世以济渡为生，久

yù xī zhǎng　　héng liú chōng huǐ mín jū　　nì sǐ zhě shùn liú ér xià
雨溪涨，横流冲毁民居，溺死者顺流而下，

tā zhōu jiē lāo qǔ huò wù　　dú shào shī zēng zǔ jí zǔ wéi jiù rén
他舟皆捞取货物，独少师曾祖及祖惟救人，

ér huò wù yì wú suǒ qǔ　　xiāng rén chī qí yú　　dài shào shī fù
而货物一无所取，乡人嗤其愚。逮少师父

shēng　　jiā jiàn yù　　yǒu shén rén huà wéi dào zhě　　yù zhī yuē　　rǔ
生，家渐裕，有神人化为道者，语之曰："汝

祖父有阴功，子孙当贵显，宜葬某地。"遂依其所指而窆之，即今白兔坟也。后生少师，弱冠登第，位至三公，加曾祖、祖、父，如其官。子孙贵盛，至今尚多贤者。

鄞人杨自惩，初为县吏，存心仁厚，守法公平。时县宰严肃，偶挞一囚，血流满前，而怒犹未息，杨跪而宽解之。宰曰："怎奈此人越法悖理，不由人不怒。"

自惩叩首曰："上失其道，民散久矣，如得其情，哀矜勿喜；喜且不可，而况怒乎？"宰为之霁颜。

家甚贫，馈遗一无所取，遇囚人乏粮，常多方以济之。一日，有新囚数人待哺，家又缺米，给囚则家人无食，自顾则囚人堪悯，与其妇商之。

妇曰：“囚从何来？”

曰：“自杭而来。沿路忍饥，菜色可掬。”

因撤己之米，煮粥以食囚。后生二子，长曰守陈，次曰守址，为南北吏部侍郎，长孙为刑部侍郎，次孙为四川廉宪，又俱为名臣；今楚亭、德政，亦其裔也。

昔正统间，邓茂七倡乱于福建，士民从贼者甚众，朝廷起鄞县张都宪楷南征，以计擒贼，后委布政司谢都事，搜杀东路贼党。谢求贼中党附册籍，凡不附贼者，密授以白布小旗，约兵至日，插旗门首，戒军兵无妄杀，全活万人。后谢之子迁，中状元，为宰辅；孙丕，复中探花。

莆田林氏，先世有老母好善，常作粉团施人，求取即与之，无倦色。一仙化为道人，每旦索食六七团。每日日与之，终三年如一日，乃知其诚也。因谓之曰："吾食汝三年粉团，何以报汝？府后有一地，葬之，子孙官爵，有一升麻子之数。"其子依所点葬之，初世即有九人登第，累代簪缨甚盛，福建有无林不开榜之谣。

冯琢庵太史之父，为邑庠生。隆冬早起赴学，路遇一人，倒卧雪中，扪之，半僵矣。遂解己绵裘衣之，且扶归救苏。梦神告之曰："汝救人一命，出至诚心，吾遣韩琦为汝子。"及生琢庵，遂名琦。

台州应尚书，壮年习业于山中。夜鬼啸集，往往惊人，公不惧也。一夕闻鬼云："某妇以夫久客不归，翁姑逼其嫁人。明夜当缢死于此，吾得代矣。"公潜卖田，得银四两，

即伪作其夫之书，寄银还家。其父母见书，

以手迹不类，疑之。

既而曰："书可假，银不可假，想儿无恙。"

妇遂不嫁。其子后归，夫妇相保如初。

公又闻鬼语曰："我当得代，奈此秀才坏

吾事。"

傍一鬼曰："尔何不祸之？"

曰："上帝以此人心好，命作阴德尚书

矣，吾何得而祸之？"

应公因此益自努励，善日加修，德日加

厚；遇岁饥，辄捐谷以赈之；遇亲戚有急，

辄委曲维持；遇有横逆，辄反躬自责，怡然

顺受；子孙登科第者，今累累也。

常熟徐凤竹栻，其父素富，偶遇年荒，

先捐租以为同邑之倡，又分谷以赈贫乏。夜

闻鬼唱于门曰："千不诓，万不诓，徐家秀才，做到了举人郎。"相续而呼，连夜不断。

是岁，凤竹果举于乡，其父因而益积德，孳孳不怠，修桥修路，斋僧接众，凡有利益，无不尽心。后又闻鬼唱于门曰："千不诓，万不诓，徐家举人，直做到都堂。"凤竹官终两浙巡抚。

嘉兴屠康僖公，初为刑部主事，宿狱中，细询诸囚情状，得无辜者若干人，公不自以为功，密疏其事，以白堂官。后朝审，堂官摘其语，以讯诸囚，无不服者，释冤抑十余人。一时辇下咸颂尚书之明。

公复禀曰："辇毂之下，尚多冤民，四海之广，兆民之众，岂无枉者？宜五年差一减刑官，核实而平反之。"

尚书为奏，允其议。时公亦差减刑之
列，梦一神告之曰："汝命无子，今减刑之
议，深合天心，上帝赐汝三子，皆衣紫腰金。"
是夕夫人有娠，后生应埙、应坤、应峻，皆
显官。

嘉兴包凭，字信之，其父为池阳太守，
生七子，凭最少，赘平湖袁氏，与吾父往
来甚厚，博学高才，累举不第，留心二氏之
学。一日东游泖湖，偶至一村寺中，见观音
像，淋漓露立，即解囊中得十金，授主僧，
令修屋宇，僧告以功大银少，不能竣事；复
取松布四疋，检箧中衣七件与之，内纻褶，
系新置，其仆请已之。

凭曰："但得圣像无恙，吾虽裸裎何伤？"
僧垂泪曰："舍银及衣布，犹非难事。只

此一点心，如何易得。"

后功完，拉老父同游，宿寺中。公梦伽

蓝来谢曰："汝子当享世禄矣。"后子汴，孙

柽芳，皆登第，作显官。

嘉善支立之父，为刑房吏，有囚无辜陷

重辟，意哀之，欲求其生。因语其妻曰："支

公嘉意，愧无以报，明日延之下乡，汝以身

事之，彼或肯用意，则我可生也。"其妻泣而

听命。及至，妻自出劝酒，具告以夫意。支

不听，卒为尽力平反之。囚出狱，夫妻登门

叩谢曰："公如此厚德，晚世所稀，今无子，

吾有弱女，送为箕帚妾，此则礼之可通者。"

支为备礼而纳之，生立，弱冠中魁，官至翰

林孔目。立生高，高生禄，皆贡为学博。禄

生大纶，登第。

凡此十条，所行不同，同归于善而已。

若复精而言之，则善有真，有假；有端，有曲；有阴，有阳；有是，有非；有偏，有正；有半，有满；有大，有小；有难，有易；皆当深辨。为善而不穷理，则自谓行持，岂知造孽，枉费苦心，无益也。

何谓真假？昔有儒生数辈，谒中峰和尚，问曰："佛氏论善恶报应，如影随形。今某人善，而子孙不兴；某人恶，而家门隆盛；佛说无稽矣。"

中峰云："凡情未涤，正眼未开，认善为恶，指恶为善，往往有之。不憾己之是非颠倒，而反怨天之报应有差乎？"

众曰："善恶何致相反？"

中峰令试言其状。

了凡四训

一人谓："詈人殴人是恶，敬人礼人是善。"

中峰云："未必然也。"

一人谓："贪财妄取是恶，廉洁有守是善。"

中峰云："未必然也。"

众人历言其状，中峰皆谓不然。因请问。

中峰告之曰："有益于人，是善；有益于己，是恶。有益于人，则殴人詈人皆善也；有益于己，则敬人礼人皆恶也。是故人之行善，利人者公，公则为真；利己者私，私则为假。又根心者真，袭迹者假；又无为而为者真，有为而为者假；皆当自考。"

何谓端曲？今人见谨愿之士，类称为善而取之，圣人则宁取狂狷。至于谨愿之士，虽一乡皆好，而必以为德之贼，是世人之善恶，分明与圣人相反。推此一端，种种取舍，无有不谬；天地鬼神之福善祸淫，皆与圣人同是非，而不与世俗同取舍。凡欲积善，决不可徇耳目，惟从心源隐微处，默默洗涤。纯是济世之心，则为端；苟有一毫媚世之心，即为曲；纯是爱人之心，则为端；有一毫愤世之心，即为曲；纯是敬人之心，则为端；有一毫玩世之心，即为曲；皆当细辨。

何谓阴阳？凡为善而人知之，则为阳善；为善而人不知，则为阴德。阴德，天报之；阳善，享世名。名，亦福也。名者，造物所忌；世之享盛名而实不副者，多有奇祸；人之无过咎而横被恶名者，子孙往往骤发，阴阳之际微矣哉。

何谓是非？鲁国之法，鲁人有赎人臣妾于诸侯，皆受金于府，子贡赎人而不受金。孔子闻而恶之曰："赐失之矣。夫圣人举事，可以移风易俗，而教道可施于百姓，非独适己之行也。今鲁国富者寡而贫者众，受金则为不廉，何以相赎乎？自今以后，不复赎人于诸侯矣。"

子路拯人于溺，其人谢之以牛，子路受之。孔子喜曰："自今鲁国多拯人于溺矣。"自俗眼观之，子贡不受金为优，子路之受牛为劣；孔子则取由而黜赐焉。乃知人之为善，不论现行而论流弊；不论一时而论久远；不论一身而论天下。现行虽善，而其流足以害人，则似善而实非也；现行虽不善，而其流足以济人，则非善而实是也。然此就一节论之耳。他如非义之义，非礼之礼，非信之信，非慈之慈，皆当抉择。

何谓偏正？昔吕文懿公，初辞相位，归故里，海内仰之，如泰山北斗。有一乡人，醉而詈之，吕公不动，谓其仆曰："醉者勿与较也。"闭门谢之。踰年，其人犯死刑入狱。吕公始悔之曰："使当时稍与计较，送公家责治，可以小惩而大戒；吾当时只欲存心于厚，不谓养成其恶，以至于此。"此以善心而行恶事者也。

又有以恶心而行善事者。如某家大富，值岁荒，穷民白昼抢粟于市；告之县，县不理，穷民愈肆，遂私执而困辱之，众始定；不然，几乱矣。故善者为正，恶者为偏，人皆知之；其以善心而行恶事者，正中偏也；以恶心而行善事者，偏中正也；不可不知也。

何谓半满？易曰："善不积，不足以成名；恶不积，不足以灭身。"书曰："商罪贯盈。"如贮物于器，勤而积之，则满；懈而不积，则不满。此一说也。

昔有某氏女入寺，欲施而无财，止有钱二文，捐而与之，主席者亲为忏悔；及后入宫富贵，携数千金入寺舍之，主僧惟令其徒回向而已。

因问曰："吾前施钱二文，师亲为忏悔，今施数千金，而师不回向，何也？"

曰："前者物虽薄，而施心甚真，非老僧亲忏，不足报德；今物虽厚，而施心不若前日之切，令人代忏足矣。"此千金为半，而二文为满也。

钟离授丹于吕祖，点铁为金，可以济世。

吕问曰："终变否？"

曰："五百年后，当复本质。"

吕曰："如此则害五百年后人矣，吾不愿为也。"

曰："修仙要积三千功行，汝此一言，三千功行已满矣。"

此又一说也。

又为善而心不著善，则随所成就，皆得圆满。心著于善，虽终身勤励，止于半善而已。譬如以财济人，内不见己，外不见人，中不见所施之物，是谓三轮体空。是谓一心清净，则斗粟可以种无涯之福，一文可以消千劫之罪。倘此心未忘，虽黄金万镒，福不满也。此又一说也。

何谓大小？昔卫仲达为馆职，被摄至冥司，主者命吏呈善恶二录。比至，则恶录盈庭，其善录一轴，仅如箸而已。索秤称之，则盈庭者反轻，而如箸者反重。

仲达曰："某年未四十，安得过恶如是多乎？"

曰："一念不正即是，不待犯也。"

因问轴中所书何事？

曰："朝廷尝兴大工，修三山石桥，君上疏谏之，此疏稿也。"

仲达曰："某虽言，朝廷不从，于事无补，而能有如是之力。"

曰："朝廷虽不从，君之一念，已在万民；向使听从，善力更大矣。"

故志在天下国家，则善虽少而大；苟在一身，虽多亦小。

何谓难易？先儒谓克己须从难克处克将去。夫子论为仁，亦曰先难。必如江西舒翁，舍二年仅得之束修，代偿官银，而全人夫妇；与邯郸张翁，舍十年所积之钱，代完赎银，而活人妻子，皆所谓难舍处能舍也。如镇江靳翁，虽年老无子，不忍以幼女为妾，而还之邻，此难忍处能忍也；故天降之福亦厚。凡有财有势者，其立德皆易，易而不为，是为自暴。贫贱作福皆难，难而能为，斯可贵耳。

随缘济众，其类至繁，约言其纲，大约有十：第一，与人为善；第二，爱敬存心；第三，成人之美；第四，劝人为善；第五，救人危急；第六，兴建大利；第七，舍财作福；第八，护持正法；第九，敬重尊长；第十，爱惜物命。

何谓与人为善？昔舜在雷泽，见渔者皆取深潭厚泽，而老弱则渔于急流浅滩之中，恻然哀之，往而渔焉；见争者皆匿其过而不谈，见有让者，则揄扬而取法之。期年，皆以深潭厚泽相让矣。夫以舜之明哲，岂不能出一言教众人哉？乃不以言教而以身转之，此良工苦心也。

吾辈处末世，勿以己之长而盖人；勿以己之善而形人；勿以己之多能而困人。收敛才智，若无若虚；见人过失，且涵容而掩覆之。一则令其可改，一则令其有所顾忌而不敢纵，见人有微长可取，小善可录，翻然舍己而从之，且为艳称而广述之。凡日用间，发一言，行一事，全不为自己起念，全是为物立则，此大人天下为公之度也。

何谓爱敬存心？君子与小人，就形迹观，常易相混，惟一点存心处，则善恶悬绝，判然如黑白之相反。故曰：君子所以异于人者，以其存心也。君子所存之心，只是爱人敬人之心。盖人有亲疏贵贱，有智愚贤不肖；万品不齐，皆吾同胞，皆吾一体，孰非当敬爱者？爱敬众人，即是爱敬圣贤；能通众人之志，即是通圣贤之志。何者？圣贤之志，本欲斯世斯人，各得其所。吾合爱合敬，而安一世之人，即是为圣贤而安之也。

何谓成人之美？玉之在石，抵掷则瓦砾，追琢则圭璋；故凡见人行一善事，或其人志可取而资可进，皆须诱掖而成就之，或为之奖借，或为之维持，或为白其诬而分其谤，务使之成立而后已。

大抵人各恶其非类，乡人之善者少，不善者多。善人在俗，亦难自立。且豪杰铮铮，不甚修形迹，多易指摘，故善事常易败，而善人常得谤；惟仁人长者，匡直而辅翼之，其功德最宏。

何谓劝人为善？生为人类，孰无良心？世路役役，最易没溺。凡与人相处，当方便提撕，开其迷惑。譬犹长夜大梦，而令之一觉；譬犹久陷烦恼，而拔之清凉，为惠最溥。韩愈云："一时劝人以口，百世劝人以书。"较之与人为善，虽有形迹，然对证发药，时有奇效，不可废也；失言失人，当反吾智。

何谓救人危急？患难颠沛，人所时有。
偶一遇之，当如痌瘝之在身，速为解救，或
以一言伸其屈抑，或以多方济其颠连。崔子
曰："惠不在大，赴人之急可也。"盖仁人之言
哉。

何谓兴建大利？小而一乡之内，大而
一邑之中，凡有利益，最宜兴建，或开渠导
水；或筑堤防患；或修桥梁，以便行旅；或
施茶饭，以济饥渴；随缘劝导，协力兴修，
勿避嫌疑，勿辞劳怨。

何谓舍财作福？释门万行，以布施为
先。所谓布施者，只是舍之一字耳。达者内
舍六根，外舍六尘，一切所有，无不舍者。
苟非能然，先从财上布施，世人以衣食为
命，故财为最重，吾从而舍之。内以破吾之

悭，外以济人之急，始而勉强，终则泰然，最可以荡涤私情，祛除执吝。

何谓护持正法？法者，万世生灵之眼目也。不有正法，何以参赞天地？何以裁成万物？何以脱尘离缚？何以经世出世？故凡见圣贤庙貌、经书典籍，皆当敬重而修饬之。至于举扬正法，上报佛恩，尤当勉励。

何谓敬重尊长？家之父兄，国之君长，与凡年高、德高、位高、识高者，皆当加意奉事。在家而奉侍父母，使深爱婉容，柔声下气，习以成性，便是和气格天之本。出而事君，行一事，毋谓君不知而自恣也；刑一人，毋谓君不知而作威也。事君如天，古人格论，此等处最关阴德。试看忠孝之家，子孙未有不绵远而昌盛者，切须慎之。

何谓爱惜物命？凡人之所以为人者，惟此恻隐之心而已，求仁者求此，积德者积此。《周礼》"孟春之月，牺牲毋用牝"，孟子谓君子远庖厨，所以全吾恻隐之心也。故前辈有四不食之戒，谓闻杀不食、见杀不食、自养者不食、专为我杀者不食。学者未能断肉，且当从此戒之。

渐渐增进，慈心愈长，不特杀生当戒，蠢动含灵，皆为物命。求丝煮茧，锄地杀虫，念衣食之由来，皆杀彼以自活。故暴殄之孽，当与杀生等。至于手所误伤、足所误践者，不知其几，皆当委曲防之。古诗云："爱鼠常留饭，怜蛾不点灯。"何其仁也！

善行无穷，不能殚述；由此十事而推广之，则万德可备矣。

dì sì piān qiān dé zhī xiào
第四篇 谦德之效

扫一扫 听诵读

《易》曰："天道亏盈而益谦,地道变盈
而流谦,鬼神害盈而福谦,人道恶盈而好谦。"
是故谦之一卦,六爻皆吉。《书》曰："满招
损,谦受益。"予屡同诸公应试,每见寒士将
达,必有一段谦光可掬。

辛未计偕,我嘉善同袍凡十人,惟丁敬
宇宾,年最少,极其谦虚。

予告费锦坡曰："此兄今年必第。"

费曰:"何以见之?"

予曰:"惟谦受福。兄看十人中,有恂

恂款款，不敢先人，如敬宇者乎？有恭敬顺承，小心谦畏，如敬宇者乎？有受侮不答，闻谤不辩，如敬宇者乎？人能如此，即天地鬼神，犹将佑之，岂有不发者？"

及开榜，丁果中式。

丁丑在京，与冯开之同处，见其虚己敛容，大变其幼年之习。李霁岩直谅益友，时面攻其非，但见其平怀顺受，未尝有一言相报。

予告之曰："福有福始，祸有祸先，此心果谦，天必相之，兄今年决第矣。"已而果然。

赵裕峰，光远，山东冠县人，童年举于乡，久不第。其父为嘉善三尹，随之任，慕钱明吾，而执文见之。明吾悉抹其文，赵不惟不怒，且心服而速改焉。明年，遂登第。

壬辰岁，予入觐，晤夏建所，见其人

气虚意下，谦光逼人，归而告友人曰：“凡天将发斯人也，未发其福，先发其慧；此慧一发，则浮者自实，肆者自敛；建所温良若此，天启之矣。”及开榜，果中式。

江阴张畏岩，积学工文，有声艺林。甲午，南京乡试，寓一寺中，揭晓无名，大骂试官，以为眯目。时有一道者，在傍微笑，张遽移怒道者。道者曰：“相公文必不佳。”

张益怒曰：“汝不见我文，乌知不佳？”

道者曰：“闻作文，贵心气和平，今听公骂詈，不平甚矣，文安得工？”

张不觉屈服，因就而请教焉。

道者曰：“中全要命，命不该中，文虽工，无益也。须自己做个转变。”

张曰：“既是命，如何转变？”

道者曰："造命者天，立命者我；力行善事，广积阴德，何福不可求哉？"

张曰："我贫士，何能为？"

道者曰："善事阴功，皆由心造，常存此心，功德无量，且如谦虚一节，并不费钱，你如何不自反而骂试官乎？"

张由此折节自持，善日加修，德日加厚。丁酉，梦至一高房，得试录一册，中多缺行。问旁人，曰："此今科试录。"

问："何多缺名？"

曰："科第阴间三年一考较，须积德无咎者，方有名。如前所缺，皆系旧该中式，因新有薄行而去之者也。"

后指一行云："汝三年来，持身颇慎，或当补此，幸自爱。"是科果中一百五名。

由此观之，举头三尺，决有神明；趋吉避凶，断然由我。须使我存心制行，毫不得罪于天地鬼神，而虚心屈己，使天地鬼神，时时怜我，方有受福之基。彼气盈者，必非远器，纵发亦无受用。稍有识见之士，必不忍自狭其量，而自拒其福也，况谦则受教有地，而取善无穷，尤修业者所必不可少者也。

古语云："有志于功名者，必得功名；有志于富贵者，必得富贵。"人之有志，如树之有根，立定此志，须念念谦虚，尘尘方便，自然感动天地，而造福由我。今之求登科第者，初未尝有真志，不过一时意兴耳；兴到则求，兴阑则止。

孟子曰："王之好乐甚，齐其庶几乎？"予于科名亦然。